M. LE COMTE GABRIEL DESVERGERS DE SANOIS,

Ancien premier Page de Sa Majesté l'Empereur Napoléon Ier, ancien Officier supérieur de l'Empire, ancien Officier d'ordonnance de **S. A. I.** le Prince Eugène, Membre de la Légion d'honneur, ancien Maire et Conseiller colonial de la Martinique, ancien Colonel commandant les milices de la ville de Saint-Pierre, etc.

La noblesse a joué chez nous un rôle immense, et ce rôle n'est pas fini, quoi qu'en disent ses détracteurs. Voilà pourquoi nous ne parlons jamais d'elle sans ressentir une profonde émotion.

Parmi les familles privilégiées dont le pays peut s'enorgueillir à bon droit, nous citerons celle de Desvergers de Sannois, également recommandable par son ancienneté, par les services qu'elle a rendus, et par l'éclat de ses alliances, au nombre desquelles figure la famille Tascher de la Pagerie.

Nous nous proposons de montrer dans ce travail les principaux membres de cette honorable famille. Mais, avant tout, quelques détails sur celui qui a pris une part active aux événements contemporains, ne seront pas sans intérêt pour nos lecteurs.

M. le comte Desvergers de Sanois (Gabriel),
qui fait l'objet de la présente notice, est né à Fort-
Royal (Martinique), le 20 octobre 1792. Il se montra de bonne heure digne de ses aïeux. Cousin
germain de l'impératrice Joséphine, la demoiselle de Sannois, sa tante, étant la mère de l'impératrice, M. le comte de Sanois était, comme on
voit, parent de cette dernière au même degré que
M. le comte Tascher de la Pagerie, Sénateur et
Grand-maître de la Maison de S. M. l'impératrice
Eugènie. C'est ce qu'attestent des actes authenti-
ques. M. le comte de Sanois dut aux circonstances
et à son mérite personnel les diverses fonctions
dont il fut successivement investi.

En 1808, M. Desvergers de Sanois était nommé
page de l'Empereur, et en 1809, premier page de
Sa Majesté. Quoiqu'il eût à peine 17 ans, il déploya
dans l'exercice de ces fonctions délicates une intelligence, un zèle et une distinction qui lui valu-
rent de vives et nombreuses sympathies.

Une irrésistible vocation l'entraînait vers la
carrière des armes, que la plupart de ses ancêtres
avaient parcourue avec honneur. Ses vœux ne tar-
dèrent pas à s'accomplir. Une lettre du ministre
de la guerre, duc de Feltre, en date du 7 avril
1810, lui donna avis de sa nomination au grade
de lieutenant surnuméraire dans le 6ᵉ régiment
de hussards.

A propos de cette nomination, M. Desvergers
de Sanois reçut de l'impératrice Joséphine une

lettre autographe, qui témoigne du vif intérêt qu'elle portait à son cousin. Nous reproduisons les termes de cette lettre :

« Mon cher Sanois, j'ai appris avec plaisir que l'Empereur vous a nommé lieutenant au 6ᵉ régiment de husards. Cette faveur doit vous porter à redoubler de dévouement pour son service et à mériter de plus en plus ses bontés. Quant à votre pension, je vous en donnerai une, mais je m'arrangerai pour cela avec le vice-roi. — Adieu, mon cher Sanois, *vous connaissez l'intérêt que je vous porte ; il sera toujours le même, ainsi que mes soins pour vous.* — Aux eaux d'Aix, le 17 août 1810. — Joséphine. »

M. le comte de Sanois était élevé au grade de capitaine au 6ᵉ régiment de hussards, et nommé chevalier de la Légion d'honneur le 1ᵉʳ octobre 1814, à son retour des prisons de Russie. Ces distinctions étaient la juste récompense de la brillante conduite qui l'avait signalé à l'attention de ses chefs.

M. le comte de Sanois fit une campagne en Italie, et fut fait prisonnier de guerre en Russie, lors de la retraite de Moscou, en 1813. Le courage et l'activité dont il fit preuve dans ces circonstances lui méritèrent l'estime et l'attachement de tous ceux qui avaient pu l'apprécier.

Ses services militaires lui ont valu les plus honorables témoignages. Voici en quels termes le général baron Vallin apostillait une pétition adressée par M. le comte de Sanois au ministre de la guerre, le 4 janvier 1815 :

« M. de Sanois ayant servi comme officier au 6e régiment de hussards que je commandais, je m'empresse de certifier sa bonne conduite et à lui rendre justice pour le zèle et l'activité qu'il a toujours mis à remplir ses devoirs.   .

« Je certifie, en outre, que pendant la campagne de Moscou, il a donné plusieurs fois *des preuves de bravoure qui lui ont mérité l'estime de ses camarades et de ses chefs.* »

Ces éloges étaient confirmés par l'attestation suivante du général baron Gauthrin :

« Je joins avec plaisir ma recommandation à celle du général Vallin, d'autant mieux qu'ayant eu sous mes ordres en Italie et dans la campagne de Moscou le 6e régiment de hussards, j'ai toujours remarqué dans M. de Sanois, officier de ce régiment, une grande aptitude à remplir ses devoirs, *beaucoup de bravoure, et enfin toutes les qualités qui distinguent un officier du plus grand mérite.*

« J'ose le recommander à la bienveillance de Son Excellence M. le ministre de la guerre. »

A ces témoignages si éclatants, nous croyons devoir ajouter deux lettres du prince Eugène, sous les ordres duquel M. le comte de Sanois a fait les dernières campagnes de l'empire. Pendant la retraite de Moscou, et en 1813, M. le comte de Sanois a été un des officiers d'ordonnance de ce noble prince qui lui avait voué les sentiments les plus affectueux. C'est ce qui résulte des deux documents qu'on va lire. Voici la première de ces lettres qui porte la date du 19 août 1814 :

« J'ai reçu, mon cher de Sanois, votre lettre du 8 de ce mois par laquelle vous m'annoncez votre heureux retour à Paris. Je vous en félicite bien sincèrement. J'aurais bien désiré que les circonstances me permissent de vous conserver auprès de moi. Vous devez concevoir vous-même que c'est impossible pour le moment. Je vous engage donc à prendre votre rang dans l'armée et à *suivre votre carrière militaire avec tout le succès que vous ne pouvez manquer d'obtenir.* Je n'en continuerai pas moins à faire pour vous tout ce que ma position me permettra, et *à vous donner dans tous les temps des témoignages de mon estime et de mon intérêt.* Vous pouvez y compter, de même que sur l'assurance de mes sentiments. »

La seconde lettre du prince, datée de Munich, le 1er septembre 1815, était conçue en ces termes :

« Le comte de Tascher me fait part du dessein que vous avez formé de retourner à la Martinique ; je regrette que les circonstances ne me permettent point de *m'opposer à ce projet en vous appelant auprès de ma personne. Je me souviens trop bien de la manière distinguée dont vous avez servi sous mes ordres et des témoignages d'attachement que vous m'avez toujours donnés, pour ne pas éprouver une peine véritable en vous voyant vous éloigner encore davantage de moi.* J'espère que vous serez plus heureux dans le sein de votre famille que vous ne l'avez été depuis quelque temps ; mais je serai toujours fâché de ne pouvoir pas contribuer moi-même à votre bonheur ; soyez assuré du moins que j'en saisirai avec plaisir toutes les occasions, et recevez, je vous prie, la nouvelle assurance de mes sentiments. »

M. le comte Desvergers de Sanois a été du nombre de ces braves dont le dévouement à l'Empereur ne s'est point démenti dans les circonstances les plus difficiles. Il a fait la campagne de France en 1815.

Une lettre du ministre de la guerre, en date du 9 juin 1815, donna avis à M. de Sanois de sa nomination en qualité de chef de bataillon adjoint à l'état-major du maréchal Grouchy, commandant en chef de la cavalerie de l'armée.

Le 30 mai 1816, il fut autorisé à se retirer à la Martinique en position de non-activité.

Mais le gouvernement ne devait pas être longtemps privé des services d'un officier aussi recommandable. Après la demande pressante de ses concitoyens, M. le comte Desvergers de Sanois recevait, le 14 septembre 1821, le brevet de commandant en second du 2ᵉ bataillon des milices de la Martinique.

Les circonstances étaient difficiles et réclamaient autant de prudence que d'énergie. Des brouillons et des factieux s'efforçaient déjà d'exploiter les

éléments de discorde qui existaient entre les diverses classes de la population. Certains organes
de la presse cherchaient à surexciter les passions
les plus détestables. En présence de ces périls, les
autorités locales ne restèrent point inactives, et
M. le comte de Sanois eut le bonheur de rendre
des services signalés, grâce à l'estime et au respect
qu'inspiraient ses talents et son caractère. Tous
les honnêtes gens se plurent à rendre justice à sa
sagesse et à son esprit de modération.

En 1822, il fit la campagne du Carbet à la Martinique ; une lettre de M. le lieutenant-général
Donzelot, gouverneur de cette colonie, porta à la
connaissance de M. de Sanois que le zèle, le dévouement et l'activité qu'il avait montrés en cette
circonstance avaient été l'objet d'une mention honorable et des expressions de la satisfaction du
roi.

En récompense de ses services éminents, M. de
Sanois était nommé, le 23 avril 1829, lieutenant-
colonel commandant le 2ᵉ bataillon des milices,
et, le 17 août de la même année, il était élevé au
grade de colonel.

Le commandant militaire de la colonie, M. le
baron Hache de la Contamine lui annonçait en
ces termes la nouvelle distinction dont il venait
d'être l'objet :

« Je m'empresse avec plaisir de vous adresser
votre brevet au grade de colonel commandant le
2ᵉ bataillon des milices, que vient de vous accor-

der M. le gouverneur *en récompense de votre zèle et de votre dévouement pour le service du roi.* »

En même temps, M. le comte de Sanois recevait la lettre suivante du gouverneur de la colonie, le contre-amiral baron de Freycinet :

« Monsieur, j'ai cru que je ferais une chose agréable à la ville de Saint-Pierre, à sa milice et à la noble compagnie des dragons que vous dirigez avec tant d'éclat, en vous adressant le nouveau brevet que M. le commandant militaire vous fera parvenir. *Recevez-le comme un gage de ma haute estime et de la véritable affection que je vous ai vouée.* »

La confiance et la sympathie dont le contre-amiral de Freycinet a toujours honoré M. le comte de Sanois, sont attestées par une lettre datée du Fort-Royal, le 31 octobre 1829.

« Mon cher colonel, disait M. de Freycinet, j'ai donné toute mon attention aux réflexions qui vous sont propres. Je puis vous assurer qu'elles seront l'objet d'un examen particulier dans le travail général que je me propose de faire sur les milices. Vous et le digne M. Buée, serez appelés à en discuter les bases et les détails. Mais réfléchissez, je vous prie, qu'un pareil ouvrage ne peut être l'affaire d'un jour; qu'il est compliqué d'une foule de considérations, et que, pour l'amener à fin, j'aurai besoin de temps plus tranquilles. Je ne perds point mon objet de vue. »

Au milieu des éléments de désordre qui se manifestaient de plus en plus, M. le gouverneur de Freycinet regardait avec raison M. le comte de Sanois comme un de ses plus précieux auxiliaires dans l'œuvre de la pacification de la colonie. Voici les instructions qu'il lui donnait dans un passage de la lettre que nous venons de citer :

« Songez bien à faire comprendre à vos subordonnés que tout éclat, que tout mouvement de la population blanche contre une autre population ne serait qu'une insulte grave à l'autorité dont il a plu au roi d'investir son représentant. »

M. le baron de Freycinet terminait sa lettre en ces termes :

« Il est vrai, mon cher colonel, qu'il est question pour moi d'un voyage en France. Je renoncerais à mes intérêts les plus chers, si cette circonstance ne me permettait pas de penser que je puis vous être utile auprès du gouvernement métropolitain. Mais croyez que pour rien au monde je n'abandonnerais mon poste, si les événements prenaient une couleur plus sombre en cette colonie. »

En 1831, M. le comte Desvergers de Sanois prit part, comme colonel commandant des milices, aux affaires de Saint-Pierre. Il tint dans cette circonstance la conduite la plus honorable, et dans une lettre en date du 7 mars 1831, le gouverneur Dupotet lui témoigna sa satisfaction.

La mission dont M. de Sanois fut chargé à la Martinique était difficile et parfois entourée de périls ; il sut la remplir avec zèle , modération et fermeté. En parlant ainsi, nous ne faisons que résumer l'opinion de toutes les personnes qui ont pu l'apprécier dans cette phase de sa vie militaire.

En 1846, l'amiral Mathieu lui donna une nouvelle preuve de confiance en l'appelant aux fonctions de maire de la commune de la Trinité. Le commissaire de la marine, directeur de l'intérieur, lui notifia sa nomination en ces termes :

« J'ai l'honneur de vous adresser sous ce pli l'arrêté de M. le gouverneur qui vous nomme maire de la Trinité.

« L'administration se félicite qu'ayant apprécié les résultats que pouvait avoir la vacance prolongée des fonctions de maire, *vous ayez accepté le mandat qui vous était offert au nom des intérêts de la commune.* »

La carrière administrative de M. de Sanois fut marquée par des améliorations importantes. Il a toujours été membre du conseil colonial, où son expérience et ses lumières ont exercé une juste influence. On doit à son initiative d'utiles mesures, et les habitants de la Martinique n'ont qu'à s'applaudir de lui avoir confié un mandat qu'il a su remplir de la manière la plus distinguée.

Il est juste d'ajouter qu'il a exercé *gratuitement* toutes ses fonctions. On ne saurait trop louer un pareil désintéressement devenu si rare à notre époque.

Les événements qui ont si profondément mo-

difié l'organisation coloniale, ont causé à M. de
Sanois des pertes considérables. On sait qu'en 1848
une insurrection éclata, pour forcer le gouvernement local à proclamer l'émancipation. M. de
Sanois fut une des victimes de ces déplorables
excès. Une superbe maison qu'il possédait à Saint-
Pierre devint la proie des flammes, et 33 personnes périrent dans cet incendie. Le décret du gouvernement provisoire lui enleva 442 esclaves qui
lui donnaient chaque année 900 bocaux de sucre,
sur ses trois sucreries. Sa ruine était à peu près
complète ; mais au milieu de ses revers de fortune,
il peut se rendre le consolant témoignage d'avoir
toujours consciencieusement rempli son devoir.

Notre tâche serait longue, si nous consignions
ici toutes les preuves d'estime et d'affection que
M. le comte de Sanois a reçues des hommes les
plus éminents dans les diverses phases de sa carrière. Mais un fait qu'il importe d'abord de cons-
tater, c'est que les hauts fonctionnaires, successivement chargés du gouvernement de la Martinique,
l'ont tous honoré de leur confiance et de leur
amitié. Il suffira de citer le lieutenant-général Donzelot, l'amiral de Mackau, le général de Bouillé,
l'amiral Halgan, Duval Dailly, Mathieu, Gourbeyrt,
le comte de Las Cazes et le fidèle et digne général
Bertrand, dont il était parent par suite de son mariage avec Mlle Fanny Dillon.

Dans une pièce officielle, datée du 17 septembre
1853, le ministre de la marine et des colonies,

après avoir rappelé les diverses fonctions remplies par M. le comte de Sanois, ajoutait : « Dans ces différentes positions, *il s'est signalé par un dévouement constant,* et a reçu un témoignage de satisfaction du gouverneur pour sa conduite dans les troubles survenus dans la colonie en 1822 ; déjà nommé chevalier de la Légion d'honneur par ordonnance du 1er novembre 1814, il a été l'objet de plusieurs demandes, pour la croix d'officier, de la part des gouverneurs de la Martinique, en 1838, 1845 et 1852. » Ces demandes ont été vivement appuyées tout récemment par M. le ministre de la marine et des colonies auprès du grand chancelier.

M. le comte Desvergers de Sanois est depuis 39 ans membre de la Légion d'honneur. On s'explique difficilement qu'un homme de son mérite n'ait point obtenu, depuis cette époque, un grade supérieur à celui de chevalier, et que l'on n'ait pas encore fait droit aux légitimes réclamations élevées par les gouverneurs de la Martinique.

Il nous est malheureusement impossible de tout reproduire ; mais il est des témoignages d'une telle valeur, d'une autorité si imposante, que leur omission rendrait nécessairement notre travail incomplet. Parmi ces pièces d'un intérêt véritable, se trouve une lettre de M. le baron de Freycinet, datée de Toulon, le 3 février 1833. On a pu voir quelles excellentes relations existaient entre M. le comte de Sanois et M. de Freycinet, pendant que ce der-

nier était gouverneur de la Martinique. Ni le temps
ni les circonstances n'avaient pu rompre ces relations, fondées sur une estime réciproque. Il
suffit, pour s'en convaincre, de citer les principaux passages de la lettre dont nous venons de
parler :

« Monsieur et honorable ami,

« Ayez pour agréable qu'après une si longue
séparation, je vienne me rappeler à votre bon souvenir, en profitant d'une occasion directe qui
s'offre aujourd'hui pour les Antilles. Il y a quelques mois que je me trouve employé au port de
Toulon et je ne vous parlerai point ici de toutes
les tribulations dont la vie est semée ; en songeant
à vous, je veux éloigner tout sujet de tristesse et
me reporter à cette époque si chère à mon cœur
où j'ai contracté, à la Martinique, des affections
trop honorables pour être jamais mises en oubli.
Les sentiments de reconnaissance que je dois aux
vrais amis que j'ai laissés près de vous ne s'effa-
ceront jamais de mon souvenir, et *ceux que vous
m'avez particulièrement inspirés, je les ai placés
et les placerai toujours en première ligne.* Il est
vrai que je n'ai pu entretenir avec vous la corres-
pondance que mon cœur souhaitait. C'est une suite
des événements dont nous avons été témoins, et si
vous daignez y réfléchir, vous en apprécierez suf-
fisamment le motif. Enfin, croyez que je regar-
derai comme un des heureux jours de ma vie celui

qui me permettra de vous revoir encore et de vous exprimer de nouveau l'étendue de mon affection. Il ne me sera pas moins précieux d'apprendre de vos nouvelles, de celles de Mme de Sanois et de toute votre chère famille. »

Après avoir entretenu M. de Sanois de quelques détails que nous n'avons point à reproduire ici, le baron de Freycinet terminait ainsi sa lettre :

« Ce en quoi je crains de demeurer toujours votre redevable, c'est dans cette suite d'attentions et de bons procédés, auxquels votre bonté touchante m'avait habitué. Ma femme et moi, nous nous réunissons ici pour vous dire tout ce qu'un véritable attachement peut dicter, et pour vous prier d'être l'interprète de nos hommages empressés autant qu'affectueux envers Mme de Sanois. »

Ces expressions se retrouvent dans toutes les lettres que M. le comte Desvergers de Sanois a reçues pendant l'exercice de ses fonctions à la Martinique et depuis qu'il est rentré dans la vie privée. Personne n'a jamais eu plus de véritables amis, parce que personne n'a rendu plus de services et ne s'est montré plus bienveillant. Il avait eu le bonheur de choisir pour compagne une personne aussi bonne que distinguée, et qui a toujours fait admirablement les honneurs de sa maison.

Mlle Anna de Perpigna était issue d'une noble et ancienne famille du Béarn. Une éducation forte et sérieuse avait développé dans son cœur les sentiments les plus élevés et la piété la plus fervente.

Ses qualités solides, son heureux caractère et ses
grâces charmantes, promettaient à M. de Sanois
de longues années de bonheur. Cette douce espé-
rance a été cruellement déçue. Mme de Sanois est
morte le 4 octobre 1848, à la Nouvelle-Orléans,
au moment même où il était si fortement frappé
dans ses intérêts. C'est là une perte immense,
dont son époux ne se consolera jamais.

Parmi les hommes éminents qui ont prodigué à
M. le comte de Sanois les témoignages d'une affection particulière, nous devons citer M. l'amiral Baudin. La reconnaissance de l'amiral pour l'accueil
plein de grâce et d'affabilité qu'il a reçu pendant son
séjour à la Martinique, s'est manifestée dans plusieurs circonstances. Il se trouvait dans le golfe
du Mexique, quand il apprit l'effroyable désastre
qui avait jeté parmi les habitants de la Martinique
la désolation et la mort. A cette occasion, il
adressa à M. de Sanois une lettre que nous croyons
devoir rapporter textuellement :

« Mon cher Monsieur,

« J'ai reçu, il y a peu de temps, à la Havane,
la lettre que vous m'avez fait l'honneur de m'a-
dresser le 2 avril dernier. J'ai été fort touché, je
vous assure, de ce témoignage de votre bon souvenir. Combien de fois depuis l'épouvantable désastre de la Martinique n'ai-je pas été occupé de
vous !.... Avant cet événement tout était plaisir
pour moi dans les souvenirs que j'aimais à conser-

ver de votre bienveillant accueil, et de votre gracieuse famille, et de cette maison si admirablement ordonnée. Depuis que j'ai su votre colonie frappée par le malheur, tous ces souvenirs ont été mêlés d'un sentiment pénible. Je savais bien que Saint-Pierre avait peu souffert, surtout le quartier du Fort; mais, en supposant même que vous n'eussiez pas été atteint directement, vous pouviez avoir souffert dans les personnes de vos parents, de vos amis, de vos relations.... Et puis, même en admettant que tous vos alentours eussent été complétement respectés, *ce n'est pas un homme tel que vous, mon cher Monsieur, qui peut s'isoler complétement au milieu d'une grande calamité publique.* Il ne peut pas manquer d'en prendre sa part. Vous avez fait votre devoir, j'en suis bien sûr, et cette terrible épreuve aura été pour Mme de Sanois une occasion de montrer toute l'élévation de son âme, toute la bienveillance de son cœur. Présentez-lui, je vous prie, l'hommage de mon respect et de mon admiration, et recevez pour vous-même l'assurance de tous les sentiments avec lesquels j'ai l'honneur d'être

« Votre bien dévoué

« CHARLES BAUDIN. »

L'homme qui sait inspirer de pareils sentiments prouve qu'il possède au plus haut degré la noblesse du cœur.

M. le comte Desvergers de Sanois est personnellement connu des principaux membres de la famille

Napoléon, entre autres de S. A. I. le prince Jérôme et de S. A. I. la princesse Mathilde, qui a toujours été pleine de bienveillance pour lui. En 1840, il écrivit au duc de Leuchtenberg en faveur de son fils, qu'il désirait voir attaché au service du prince. Ce dernier répondit de la façon la plus aimable, et tout en exprimant ses regrets de ne pouvoir immédiatement satisfaire aux désirs de M. de Sanois, il se montra disposé à saisir toutes les occasions d'être agréable à un parent dont on lui avait toujours parlé avec les plus grands éloges. Les termes de cette lettre sont significatifs, nous les reproduisons :

Saint-Pétersbourg, le 15/27 janvier 1840.

« Monsieur,

« J'ai reçu, par l'entremise du comte Tascher, votre lettre du 20 avril 1839, et je ne veux pas tarder à vous dire combien je suis touché des sentiments d'intérêt que vous portez à ma famille, ainsi que des vœux que vous formez à mon égard.

« La demande que vous m'adressez m'est malheureusement parvenue un peu tard. J'ai emmené avec moi, en Russie, le petit nombre de personnes nécessaires à mon service, en sorte que je n'ai, pour le moment du moins, aucune place à offrir à monsieur votre fils. Soyez persuadé, Monsieur, *que j'éprouve un vif regret à ne pouvoir accéder à vos désirs, et que je me serais estimé heureux de faire quelque chose en faveur d'un parent, d'un*

fidèle serviteur de mon père, d'un ami de ma fa-
mille, dont je n'ai jamais entendu parler qu'avec
les éloges qu'il mérite.

« En vous renouvelant mes remercîments pour
tout ce que votre lettre renferme d'aimable à mon
égard, je saisis avec empressement l'occasion de
vous donner l'assurance de mes sentiments d'estime et de considération distinguée.

« MAXIMILIEN,
« Duc de Leuchtenberg. »

M. le comte de Sanois a toujours entretenu avec
son parent, M. le comte Tascher de la Pagerie, les
relations les plus amicales. Dans une lettre en
date du 26 novembre 1852, le comte Tascher
lui renouvelait encore les assurances de son attachement.

Positivement, personne n'a plus de droit à l'affection du noble comte Tascher, que M. de Sanois,
ami loyal, bon parent, homme distingué sous tous
les rapports, et que recommandent plus de qua-
rante-trois ans de services militaires et adminis-
tratifs.

M. le comte Gabriel Desvergers de Sanois est
encore dans toute la vigueur de ses facultés. Pendant sa longue carrière, il a recueilli d'utiles et
nombreuses observations; il joint le savoir à l'expérience. Indépendamment de son mérite personnel, il a des titres particuliers à la bienveillance
du gouvernement impérial, et tous ceux qui le

connaissent seraient heureux de le voir dans une
position digne de lui.

C'est sous le règne de Napoléon Ier qu'il avait
débuté dans la carrière des armes; c'est à cette
époque à jamais glorieuse qu'il avait conquis tous
ses grades. Il avait vu de près le *grand Homme*,
apprécié, dans son ensemble et dans ses détails,
son œuvre gigantesque, étudié le jeu de toutes ces
institutions puissantes créées par son génie.

De son côté, l'Empereur lui donna des preuves
d'une bienveillance particulière, et le chargea
d'une importante mission; il fut envoyé à Vienne
pour annoncer l'arrivée du prince de Neufchâtel,
qui venait demander la main de Marie-Louise;
il assista à cette cérémonie avec le maréchal de
Lauriston et M. de Montesquiou.

Les plus chers souvenirs de M. le comte de
Sanois se rattachaient donc à l'empire.

M. le comte de Sanois est dévoué d'intelligence
et de cœur à la cause de Napoléon III. Si les circonstances lui permettaient de jouer un rôle dans
le nouvel ordre de choses, il saurait retrouver ce
zèle, cette énergie, ce bon sens et ces connais-
sances pratiques dont il a donné des preuves si
multipliées. Par ses antécédents, il offre les plus
sérieuses garanties et mérite la plus entière confiance.

Nous disions, en commençant cette notice, que
la famille Desvergers de Sanois était également
recommandable par son ancienneté, les services

qu'elle a rendus et l'éclat de ses alliances (1). Dans l'impossibilité où nous sommes de citer les faits nombreux contenus dans les divers nobiliaires et recueils historiques, nous nous bornerons à donner les détails suivants :

Simon Desvergers, seigneur du fief aux Huilliers, est le premier de la famille sur lequel on possède des renseignements positifs. Les registres du Châtelet de Paris le qualifiaient, dès l'année 1454, clerc notaire et secrétaire du roi.

Pierre Desvergers, fils du précédent, fut investi des fonctions que son père avait exercées.

Richard Desvergers, seigneur de Sannois, d'Auroy et d'Aufferville, et Florimond Desvergers de Sannois se signalèrent par les services qu'ils rendirent à leur pays. En voici une excellente preuve:

« Exemption de la contribution et des services
« personnels de ban et arrière-ban accordée par
« Henri III, roi de France et de Pologne, à son
« bien-aimé Richard Desvergers, seigneur de San-
« nois, tant pour les bons services qu'il lui a faits
« pendant qu'il a été capable de porter les armes,
« que pour la considération de ceux qu'avait faits,
« en l'année où Sa Majesté s'était trouvée en per-
« sonne, son bien-aimé Florimond Desvergers,
« seigneur Desvergers, son fils, en qualité d'archer
« de la compagnie de ses ordonnances, dont a la

---

(1) Voir Moréri, Saint-Allais et autres généalogistes estimés.

« charge le seigneur Palaiseau ; et aussi de ce que
« ledit seigneur de Sannois était sexagénaire, avec
« mainlevée de toute saisie faite pour raison de ce,
« sur ses biens, terres et héritages.

« Cet acte, en papier, donné à Paris, le 9 avril
1588. »

« Ordre du roi Henri IV à tous baillis, séné-
« chaux, prevost ou leurs lieutenants et tous offi-
« ciers, pour faire décharger son bien-aimé Flo-
« rimond Desvergers de Sannois, en considération
« du service qu'il rend à Sa Majesté, dans son ar-
« mée, en la compagnie de gendarmes sous la
« charge de son cousin le prince de Conti ; de la
« cotisation qui aurait été faite sur ses terres, et
« lui donner mainlevée de toute saisie faite à ce
« sujet, daté du camp devant Amiens, le 11 sep-
« tembre 1597, signé Henry, et, plus bas, par le
« roi, Forget.

« Les priviléges de cette famille datent du
« règne de saint Louis. Le roi Louis XI les y con-
« firma par ses lettres patentes données au Plais-
« sis du Parc-les-Tours, au mois de novembre
« 1482. Elles contiennent qu'ils ne sont point
« obligés de prendre des lettres de confirmation
« au changement de règne ; elles leur octroient,
« par un privilége singulier et spécial, le pouvoir
« de résigner au profit de leur fils ou en faveur
« du mariage de leurs filles, sans que pour cela
« ils ne cessent de jouir pleinement, leur vie
« durant, de tous les priviléges attribués à l'état
« de secrétaire.

« La fonction des secrétaires était fort distin-
« guée de celle des notaires, par l'honneur qu'ils
« avaient d'être les véritables gardiens et les dépo-
« sitaires des plus secrètes et des plus importantes
« délibérations de nos rois.

« C'est pour cette raison que, du temps du roi
« Philippe le Bel, on les appelait *du secret ;* et de-
« puis, *secrétaires*, sous le roi Philippe le Long. Ils
« signaient et expédiaient toutes les lettres closes,
« les lettres patentes, toutes les dépêches et expé-
« ditions que contenait l'état de la maison royale,
« toutes les autres dépendant de la grâce et de la
« volonté du prince, comme font aujourd'hui les
« secrétaires d'État, établis depuis 1547, etc. »

La famille Desvergers de Sannois s'est alliée aux
maisons les plus anciennes de France, notam-
ment aux de Pienne, aux de la Porte, aux Poincy
de Longvilliers, aux Rochechouart, aux Tascher
de la Pagerie, etc.

Une branche de la famille de Sannois s'établit à
la Martinique vers la fin du règne de Louis XIV.
Ses titres, conservés au conseil souverain de cette
colonie, prouvent que Nicolas Desvergers de Maupertuis et Pierre de Sannois, son frère, suivirent,
à Saint-Christophe, le commandeur de Poincy,
de Longvilliers leur oncle, qui y avait été envoyé
comme gouverneur.

Après la prise de cette île par les Anglais, les
deux frères vinrent se fixer à la Martinique.

Les registres de l'état civil du quartier des Trois-

Ilets, renferment deux pièces importantes : la première, à la date de 1764, c'est le contrat de mariage de Joseph-Gaspard de Tascher, seigneur de la Pagerie, avec demoiselle Rose-Claire Desvergers de Sannois; la seconde, du 23 juin 1763, c'est l'acte de baptême de Marie-Joseph-Rose, issue de leur mariage, et devenue impératrice des Francais.

La conclusion à tirer de tout ce qui précède, c'est que personne mieux que M. le comte de Sanois n'a su joindre au prestige d'un nom historique l'éclat du mérite personnel.

Tisseron et de Quincy,

Directeurs de la Revue,

F. Lefebvre,

ancien Sous-Préfet.

Nota. — Depuis que la famille de Sanois est passée dans les colonies, elle a toujours signé avec un seul **N**, tandis qu'on en trouve deux dans les actes publics antérieurs à cette époque.

Les armes de la famille Desvergers, seigneurs de Sannois, d'Annet, d'Auroy, de Maupertuis, d'Aufferville sont : d'azur à la bande d'or, couronne de comte, deux lions affrontés pour supports.

Paris. — Typographie de H. V. de Surcy et Cie., rue de Sèvres, 37.